Inhalt

Der Sarbanes-Oxley-Act

Kernthesen

Beitrag

Fallbeispiele

Weiterführende Literatur

Impressum

Der Sarbanes-Oxley-Act

I.Zeilhofer-Ficker

Kernthesen

- Im Juli 2002 wurde in den USA der Sarbanes-Oxley-Act verabschiedet, der zukünftigen Bilanzbetrügereien einen Riegel vorschieben soll.
- Das Gesetz verpflichtet CEOs und CFOs zur schriftlichen Bestätigung der Rechtmäßigkeit von vorgelegten Bilanzen und Geschäftsberichten.
- Für wissentlich falsche Angaben in den Berichten können Haftstrafen (bis zu 20 Jahre) sowie empfindliche Geldstrafen und Berufsverbote verhängt werden.
- Aufsichtsräte und Wirtschaftsprüfer müssen von der Firmenleitung absolut unabhängig sein und werden von einem unabhängigen Kontrollgremium überprüft.

- Auch in Deutschland sind gesetzliche Änderungen zum erhöhten Anlegerschutz in der Diskussion.

Beitrag

Die großen US-Bilanzdiskussionen wie beispielsweise bei Enron und Worldcom haben den Aktienmärkten einen riesigen Vertrauensverlust beschert. Fallende Börsenkurse und mangelndes Anlegerinteresse waren davon die Folgen. Um diesen Auswirkungen entgegenzutreten und das Vertrauen in börsennotierte Unternehmen wieder zu festigen, unterzeichnete US-Präsident Bush am 30. Juli 2002 ein neues, 90-seitiges Kapitalmarktgesetz, den Sarbanes-Oxley-Act. (1)

Jedes US-Gesetz erhält in der Regel den Namen der dafür verantwortlichen Abgeordneten aus Senat und Repräsentantenhaus. Das Sarbanes-Oxley-Gesetz verdankt seinen Namen dem demokratischen Senator Paul S. Sarbanes, der seit Mai den Vorsitz des Bankenausschusses führt, sowie dem republikanischen Abgeordneten im Repräsentantenhaus, Michael G. Oxley, Vorsitzender des Financial Services Committee. (2), (3) Für die Ausführung und Überwachung des Gesetzes ist die amerikanische Wertpapier- und Börsenaufsicht, die

Securities and Exchange Commission (SEC) zuständig.

Wen betrifft der Sarbanes-Oxley-Act

Von dem Gesetz sind alle Unternehmen betroffen, deren Aktien in der New York Stock Exchange oder der Nasdaq zugelassen sind, sowie alle Wirtschaftsprüfungsgesellschaften, die für US-Firmen arbeiten oder deren Tochtergesellschaften prüfen. Insgesamt handelt es sich um ca. 14.000 Aktiengesellschaften, darunter ca. 1.300 ausländische Unternehmen, deren Aktien an den US-Börsen gehandelt werden. (4)

Neuerungen durch den Sarbanes-Oxley-Act

Der Bilanzeid

Heftig diskutiert und vor allem in Europa umstritten ist die Bestimmung, die die CEOs (Chief Executive

Officer) und die CFOs (Chief Financial Officer) verpflichtet, die regelmäßigen Berichte ihrer Unternehmen zu "zertifizieren", d. h. schriftlich zu bestätigen, dass die gesetzlichen Vorschriften eingehalten wurden und alle Angaben zur finanziellen Situation und Geschäftstätigkeit richtig sind. Muss eine Firma ihren Jahresabschluss wegen wesentlicher Verstöße gegen die Vorschriften zur wahrhaften Berichterstattung ändern, müssen CEO und CFO damit rechnen, alle Bonuszahlungen und Gewinne aus Wertpapierverkäufen ihrer Gesellschaft der letzten 12 Monate zurückzahlen zu müssen. (5) Macht ein Konzernchef wissentlich falsche Angaben, kann er mit einer Haftstrafe von bis zu 20 Jahren, einer Geldbuße von bis zu fünf Millionen Dollar sowie mit Berufsverbot bestraft werden. Verboten sind ab sofort auch Privatdarlehen an Vorstandsmitglieder. (6)

Als erster Schritt wurden 942 Unternehmen von der SEC aufgefordert, ihre Bilanzen von den CEOs und CFOs zertifizieren zu lassen. Für die meisten davon galt als Frist der 14.8.2002; nur 12 Firmen sind der Aufforderung zur Abgabe des Bilanzeids nicht oder nicht vollständig nachgekommen. Dabei handelt es sich hauptsächlich um Firmen, die sich in einem Insolvenzverfahren befinden. (7)

Die Vorschrift stieß in Deutschland auf heftige Kritik,

da die deutsche Gesetzgebung den Vorstand insgesamt als verantwortlich festschreibt. Einzelne Vorstandsmitglieder können deshalb für die Korrektheit der Bilanzen und Geschäftsberichte in Deutschland nicht haftbar gemacht werden. (7)

Unabhängigkeit des Aufsichtsrates/Audit Committee

Der Sarbanes-Oxley-Act schreibt vor, dass die Mehrheit der Aufsichtsräte fünf Jahre lang keine wesentliche Verbindung zum Konzern gehabt haben darf. Außerdem muss der zu ernennende Bilanzprüfungsausschuss (Audit Committee) mit unabhängigen Mitgliedern des Aufsichtsrates besetzt werden. (1), (6)

Diese Regelung widerspricht dem deutschen Mitbestimmungsrecht, das eine paritätische Besetzung des Aufsichtsrates mit Vertretern der Kapital- und Arbeitnehmerseite vorsieht. Das in Deutschland oft praktizierte Verfahren, Ex-Vorstandsmitgliedern einen Aufsichtsratsposten zu übertragen, ist ebenfalls mit dieser Vorschrift nicht vereinbar. Arbeitnehmervertreter müssten nach Sarbanes-Oxley von den Audit Committees generell ausgeschlossen werden. (8)

Nach den neuen US-Bilanzvorschriften muss das Audit Committee den Wirtschaftspüfer für die Gesellschaft bestellen. Laut Aktiengesetz ist das in Deutschland aber ureigene Aufgabe der Hauptversammlung. Auch hier zeichnet sich ein rechtlicher Konflikt zwischen US-amerikanischer und deutscher Gesetzgebung ab. (8), (9)

Auswirkungen auf Wirtschaftsprüfer

Wirtschaftsprüfungsgesellschaften sind in mehrfacher Hinsicht vom Sarbanes-Oxley-Act betroffen. Das Gesetz verbietet es den Buchprüfern kategorisch, vom gleichen Unternehmen Beratungsaufträge anzunehmen. Außerdem muss sich jeder Wirtschaftsprüfer bei der SEC bzw. bei dem neu zu schaffenden Public Company Accounting Oversight Board (PCAOB) registrieren lassen und sich der Prüfung durch das Board unterwerfen. Dieses Aufsichtsgremium wird die Befugnis haben, Unterlagen über Unternehmensprüfungen anzufordern und sogar Hausdurchsuchungen durchzuführen. Dies würde in Deutschland zur Verletzung der Verschwiegenheitspflicht und zur Weitergabe von unternehmerischen

Geschäftsgeheimnissen führen, was zu heftigen Protesten der Wirtschaftsprüferbranche aber auch der deutschen Politiker führte. (1), (6), (8)

Die Berufsaufsicht der Amerikaner geht so weit, dass sich selbst ausländische Prüfer bei der SEC registrieren lassen müssen, wenn sie eine nicht in Amerika ansässige Tochterfirma eines US-Unternehmens prüfen wollen. (11)

Weitere Vorschriften

Erste Bestimmungen zur Umsetzung des Sarbanes-Oxley-Acts erließ die SEC bereits im August 2002. Darin wurde z. B. festgelegt, dass Unternehmen mit einem Börsenwert von 75 Mio. Dollar und mehr, die vierteljährlichen Geschäftsberichte bereits 35 Tage nach Ablauf des Quartals einreichen müssen. Jahresberichte müssen innerhalb von 60 Tagen zur Verfügung stehen. Vor allem global agierende Unternehmen, die ihre Zahlen teilweise von Niederlassungen rund um den Globus einholen und konsolidieren müssen, stellt diese Fristverkürzung vor große Probleme. (10)

Protest aus Europa

Da sowohl Wirtschaftsverbände als auch Politiker die Auswirkungen des Sarbanes-Oxley-Acts auf deutsche US-börsennotierte Unternehmen und deren Wirtschaftsprüfer als kritisch ansehen, formierte sich bald nach der Verabschiedung des Gesetzes eine Protestbewegung. Der BDI wandte sich mit einem Brief an die SEC um für deutsche Konzerne eine Ausnahmeregelung zu erwirken. Die Bundesregierung wandte sich an die Europäische Kommission und verlangte, dass Ausnahmen für europäische Unternehmen ausgehandelt werden. EU-Kommissar Frits Bolkenstein verhandelte darüber im Oktober mit dem SEC-Chef Harvey Pitt, der allerdings nur zusagte, dass die SEC zu "Gesprächen über Alternativen bereit sei". (12), (13)

Fallbeispiele

Der Name Enron steht wie kein anderer im Fokus von Bilanzdiskussionen. Bisher wurden zwei Enron-Manager angeklagt, der Ex-Finanzvorstand Andrew Fastow und sein Mitarbeiter Michael Kopper. Gegen den Gründer von Enron, Kenneth Lay und dem ehemaligen Vorstandschef, Jeff Skilling laufen die Ermittlungen auf Hochtouren. Die Beweislage deckt aber möglicherweise auch große Versäumnisse der Aufsichtsgremien von Enron auf. Da man hier Vorsatz aber nicht beweisen kann, werden die Verantwortlichen aber wahrscheinlich ohne Strafverfolgung ausgehen. (18)

Eine Geldbuße von 500.000 Dollar und fünf Jahre Bewährung wegen Behinderung der Justiz wurde über das in den Enron-Fall verwickelte Wirtschaftsprüfungs-Unternehmen Arthur Andersen verhängt. Das Wirtschaftsprüfungs-Geschäft wurde im August 2002 eingestellt, Niederlassungen in mehreren Ländern fusionierten mit dem vormaligen Konkurrenten Ernst & Young. (19)

In New York hat der Generalstaatsanwalt Eliot Spitzer den Kampf gegen den Sumpf von Täuschung, Korruption und Betrug an der Wall Street aufgenommen. Ein Verfahren gegen fünf Ex-Vorstände von Telekommunikations-Unternehmen läuft. Spitzer verlangt darin von den Managern die Rückzahlung von 1,5 Milliarden Dollar, die aus undurchsichtigen Aktienverkäufen der entsprechenden Unternehmen stammen sollen. (20)

Weiterführende Literatur

(1) Sarbanes-Oxley Act erfordert europäische Solidarität
aus Börsen-Zeitung, 16.08.2002, Nummer 157, Seite 8

(2) Ein ungleiches Paar
aus Neue Zürcher Zeitung, 28.08.2002, Nr. 198, S. 17

(3) Das Meisterstück des alten Senators
aus Frankfurter Allgemeine Zeitung, 30.08.2002, Nr. 201, S. 16

(4) Schäfer, Ulrich, Attacke gegen die Bosse, Der Spiegel, 19.08.2002, Nr. 34, S. 76
aus Frankfurter Allgemeine Zeitung, 30.08.2002, Nr. 201, S. 16

(5) Deutsche Konzerne müssen in den USA ehrlich sein Sarbanes-Oxley-Gesetz wirkt sich international aus
aus FTD Financial Times Deutschland vom 08.08.2002, Seite 29

(6) Freise, Anette / Voss, Markus / Wolf, Thomas, Manager-Haftung - Unter Eid, FOCUS-MONEY, 15.08.2002, Ausgabe 34, S. 14-17
aus FTD Financial Times Deutschland vom 08.08.2002, Seite 29

(7) Zwölf US-Firmen fallen beim Bilanzeid durch Bundesregierung sieht die neuen amerikanischen

Gesetze kritisch
aus FTD Financial Times Deutschland vom 19.08.2002,
Seite 6

(8) US-Regeln: Richtig ernst wird erst nächstes Jahr
aus netzeitung.de vom 29.08.2002

(9) Sorgen vor Bilanzeid in Amerika sind unberechtigt
aus Frankfurter Allgemeine Zeitung, 11.09.2002, Nr. 211, S. 21

(10) Kürzere Offenlegungsfristen für US-Unternehmen Ausführungsbestimmungen der SEC zur Sarbanes-Oxley-Act
aus Neue Zürcher Zeitung, 28.08.2002, Nr. 198, S. 17

(11) Amerikanische Herrschaft über die Bilanzen
aus Frankfurter Allgemeine Zeitung, 19.08.2002, Nr. 191, S. 11

(12) Oldag, Andreas, US-Börsenaufsicht bekommt Ärger mit der EU, Süddeutsche Zeitung, 07.10.2002, Ausgabe Deutschland, S. 21
aus Frankfurter Allgemeine Zeitung, 19.08.2002, Nr. 191, S. 11

(13) US-Börsenaufsicht geht auf deutsche Unternehmen zu SEC-Chef Pitt signalisiert Ausnahmen vom Bilanzgesetz
aus FTD Financial Times Deutschland vom 08.10.2002, Seite 1

(14) Ernst & Young vor Umsatzschub

aus Frankfurter Allgemeine Zeitung, 14.10.2002, Nr. 238, S. 18

(15) Gutachter empfehlen Reformen im Kapitalmarkt- und Börsenrecht Fleischer für erweiterte "Informationshaftung" bei Falschdarstellung - Merkt: Öffentlich-rechtliche Börse abschaffen - Anlegerschutz bewegt Deutschen Juristentag
aus Börsen-Zeitung, 14.09.2002, Nummer 178, Seite 12

(16) Volkery, Carsten, Mister Biggs und die feigen Wall-Street-Sheriffs, Spiegel Online, 17.10.2002
aus Börsen-Zeitung, 14.09.2002, Nummer 178, Seite 12

(17) Wirtschaftsprüfungsgesellschaft Pricewaterhouse-Coopers hält nicht viel vom Eid auf die Bilanz PwC-Chef: US-Bilanzierungsregeln ändern
aus Die Welt, Jg. 52, 30.09.2002, Nr. 228, S. 13

(18) Hillenbrand, Thomas, Der aufhaltsame Untergang des Todessterns, Spiegel Online, 16.10.2002
aus Die Welt, Jg. 52, 30.09.2002, Nr. 228, S. 13

(19) 500 000 Dollar Strafe für Andersen wegen Enron, Frankfurter Neue Presse, Gemeinsame Ausgabe vom 18.10.2002, S. 7
aus Die Welt, Jg. 52, 30.09.2002, Nr. 228, S. 13

(20) Oldag, Andreas, Wettstreit der Saubermänner, Süddeutsche Zeitung, 16.10.2002, Ausgabe Deutschland, S. 11
aus Die Welt, Jg. 52, 30.09.2002, Nr. 228, S. 13

Impressum

Der Sarbanes-Oxley-Act

Bibliografische Information der deutschen Nationalbibliothek

Die Deutsche Nationalbibliothek verzeichnet diese Publikation in der deutschen Nationalbibliografie; detaillierte bibliografische Daten sind im Internet über http://dnb.d-nb.de abrufbar.

ISBN: 978-3-7379-1165-8

© 2015 GBI-Genios Deutsche Wirtschaftsdatenbank GmbH, Freischützstraße 96, 81927 München, www.genios.de

Alle Rechte vorbehalten. Dieses Werk ist einschließlich aller seiner Teile – z.B. Texte, Tabellen und Grafiken - urheberrechtlich geschützt. Jede Verwertung außerhalb der Grenzen des Urheberrechtsgesetzes bedarf der vorherigen Zustimmung des Verlags. Dies gilt insbesondere auch für auszugsweise Nachdrucke, fotomechanische Vervielfältigungen (Fotokopie/Mikroskopie), Übersetzungen, Auswertungen durch Datenbanken oder ähnliche Einrichtungen und die Einspeicherung und Verarbeitung in elektronischen Systemen.